Das ultim**a**... Fryer Ko**chbuch**

CW00494683

Mühelose No-Fuss Air Fryer-Rezepte zum Grillen, Braten, Backen und Broil. Verbrennen Sie Fett ohne Hungergefühl, gewinnen Sie Ihr Selbstvertrauen zurück und nehmen Sie schnell ab.

Ursula Mayert

Inhaltsverzeichnis

—

© Copyright 2020 by Ursula Mayert

- Alle Rechte vorbehalten.

Das folgende Buch wird im Folgenden mit dem Ziel wiedergegeben, möglichst genaue und zuverlässige Informationen zu liefern. Unabhängig davon kann der Kauf dieses Buches als Zustimmung zu der Tatsache gesehen werden, dass sowohl der Herausgeber als auch der Autor dieses Buches in keiner Weise Experten für die darin besprochenen Themen sind und dass jegliche Empfehlungen oder Vorschläge, die hier gemacht werden, nur zu Unterhaltungszwecken dienen. Vor der Durchführung von Maßnahmen, die in diesem Buch empfohlen werden, sollten bei Bedarf Fachleute konsultiert werden.

Diese Erklärung wird sowohl von der American Bar Association als auch vom Committee of Publishers Association als fair und gültig angesehen und ist in den gesamten Vereinigten Staaten rechtsverbindlich.

Darüber hinaus wird die Übertragung, Vervielfältigung oder Reproduktion eines der folgenden Werke, einschließlich bestimmter Informationen, als illegale Handlung angesehen, unabhängig davon, ob sie elektronisch oder in gedruckter Form erfolgt. Dies gilt auch für die Erstellung einer Zweit- oder Drittkopie des Werkes oder einer aufgezeichneten Kopie und ist nur mit ausdrücklicher schriftlicher Genehmigung des Verlages erlaubt. Alle weiteren Rechte vorbehalten.

Die Informationen auf den folgenden Seiten werden im Großen und Ganzen als wahrheitsgemäße und genaue Darstellung von Tatsachen betrachtet, und als solche liegen alle daraus resultierenden Handlungen ausschließlich in der Verantwortung des Lesers, wenn er die Informationen nicht beachtet, verwendet oder missbraucht. Es gibt keine Szenarien, in denen der Herausgeber oder der ursprüngliche Autor dieses Werkes in irgendeiner Weise für Härten oder Schäden haftbar gemacht werden kann, die ihnen nach der Aufnahme der hier beschriebenen Informationen entstehen könnten.

Darüber hinaus dienen die Angaben auf den folgenden Seiten ausschließlich Informationszwecken und sind daher als allgemeingültig zu betrachten. Sie werden ihrer Natur entsprechend ohne Gewähr für ihre dauerhafte Gültigkeit oder Zwischenqualität präsentiert. Die Erwähnung von Warenzeichen erfolgt ohne schriftliche Zustimmung und kann in keiner Weise als Zustimmung des Warenzeicheninhabers gewertet werden.

Einführung

Eine Luftfritteuse ist ein relativ neues Küchengerät, das sich bei den Verbrauchern als sehr beliebt erwiesen hat. Obwohl es viele verschiedene Varianten gibt, haben die meisten Luftfritteusen viele gemeinsame Merkmale. Sie haben alle Heizelemente, die heiße Luft zum Garen der Speisen zirkulieren lassen. Die meisten verfügen über vorprogrammierte Einstellungen, die den Benutzer bei der Zubereitung einer Vielzahl von Speisen unterstützen.

Das Frittieren an der Luft ist eine gesündere Art des Kochens, da es weniger Öl als die traditionellen Frittiermethoden verwendet. Während der Geschmack und die Qualität der Lebensmittel erhalten bleiben, wird die Menge des beim Kochen verwendeten Fetts reduziert. Das Frittieren an der Luft ist eine gängige Methode zum "Braten" von Lebensmitteln, die hauptsächlich aus Eiern und Mehl bestehen. Diese Lebensmittel können mit dieser Methode je nach Vorliebe weich oder knusprig sein.

So funktionieren Luftfritteusen

Luftfritteusen verwenden ein Gebläse, um heiße Luft um die Lebensmittel zu zirkulieren. Die heiße Luft erwärmt die Feuchtigkeit auf den Lebensmitteln, bis sie verdampft und Dampf entsteht. Wenn sich der Dampf um das Gargut herum aufbaut, entsteht ein Druck, der die Feuchtigkeit von der Oberfläche des Garguts abzieht und von der Mitte wegdrückt, wodurch kleine Blasen entstehen. Durch die Bläschen entsteht eine Luftschicht, die das Gargut umgibt und eine knusprige Kruste erzeugt.

Auswahl einer Heißluftfritteuse

Suchen Sie bei der Auswahl einer Heißluftfritteuse nach einer, die gute Bewertungen zur Kundenzufriedenheit hat. Beginnen Sie mit den Funktionen, die Sie benötigen, wie z. B. Leistung, Kapazitätsgröße und Zubehör. Suchen Sie nach einem Gerät, das einfach zu bedienen ist. Einige Luftfritteusen auf dem Markt haben einen eingebauten Timer und eine einstellbare Temperatur. Suchen Sie nach einem Gerät mit einem Trichter zum Auffangen von Fett, einem spülmaschinenfesten Korb und leicht zu reinigenden Teilen.

Wie man eine Heißluftfritteuse benutzt

Um beste Ergebnisse zu erzielen, heizen Sie die Luftfritteuse 10 Minuten lang auf 400 F vor. Durch das Vorheizen der Luftfritteuse erreicht diese schneller die richtige Temperatur. Außerdem ist das Vorheizen der Heißluftfritteuse wichtig, um sicherzustellen, dass Ihr Essen nicht anbrennt.

Wie man Sachen in einer Luftfritteuse zubereitet

Wenn Sie noch keine Heißluftfritteuse haben, können Sie mit Ihren Öfen spielen, indem Sie ein paar tiefgefrorene Pommes frites hineinwerfen und sie garen, bis sie gleichmäßig gebräunt sind. Je nach Ofen sollten Sie einen Blick auf die Temperatur werfen. Möglicherweise müssen Sie die Zeit erhöhen oder verringern.

Welche Lebensmittel können Sie in einer Heißluftfritteuse zubereiten?

Eier: Sie können zwar Eier in einer Heißluftfritteuse kochen, aber wir raten davon ab, da Sie die Garzeit und Temperatur nicht so genau kontrollieren können wie bei einer traditionellen Bratpfanne oder Pfanne. Es ist viel einfacher, ungleichmäßig gekochte Eier zu bekommen. Außerdem können Sie keine Saucen oder Gewürze hinzugeben und Sie erhalten keine knusprigen, goldbraunen Ränder.

Gefrorene Lebensmittel: Im Allgemeinen werden gefrorene Lebensmittel am besten im herkömmlichen Ofen gegart, da sie eine bestimmte Temperatur erreichen müssen, um richtig gegart zu werden. Die Luftfritteuse ist nicht in der Lage, Temperaturen zu erreichen, die dazu führen, dass die Lebensmittel vollständig gegart werden.

Dehydrierte Lebensmittel: Dehydrierte Lebensmittel müssen frittiert werden, was Sie mit einer Heißluftfritteuse nicht tun können. Wenn es um das Garen von dehydrierten Lebensmitteln geht, ist die Heißluftfritteuse nicht die beste Option.

Gemüse: Sie können Gemüse in einer Heißluftfritteuse garen, aber Sie müssen darauf achten, dass die Heißluftfritteuse nicht auf eine Temperatur eingestellt ist, bei der das Gemüse verbrennt.

Um sicherzustellen, dass Ihr Gemüse nicht verkocht, starten Sie die Fritteuse mit ausgeschaltetem Korb und werfen Sie das Gemüse ein, sobald sich die Luft erwärmt hat und keine kalten Stellen mehr vorhanden sind.

Achten Sie darauf, das Gemüse alle paar Minuten umzurühren. Das Garen im Korb ist auch eine Option, aber es kann ein wenig zusammenkleben.

Pommes frites: Das Frittieren von Pommes frites in einer Luftfritteuse ist eine gute Möglichkeit, knusprige, goldbraune Pommes frites zu erhalten, ohne viel Öl hinzuzufügen. Im Vergleich zum herkömmlichen Frittieren liefert das Luftfritieren weniger Kalorien.

Um Pommes frites in einer Heißluftfritteuse zu garen, verwenden Sie einen Korb oder ein Gestell und gießen Sie so viel Öl ein, dass die Pommes frites etwa bis zur Hälfte der Höhe reichen. Die besten Ergebnisse erzielen Sie, wenn die Pommes frites gefroren sind. Schalten Sie die Luftfritteuse auf 400 Grad und stellen Sie sie auf 12 Minuten ein. Wenn Sie die Pommes besonders knusprig haben möchten, können Sie sie auf 18 Minuten einstellen, aber sie könnten dann etwas anbrennen.

Vorteile einer Luftfritteuse:

- Es ist eine der einfachsten Möglichkeiten, gesunde Lebensmittel zu kochen. Wenn Sie ihn 4-5 Mal pro Woche verwenden, ist er eine gesündere Option als das Braten mit Öl in Ihrem herkömmlichen Ofen oder die Verwendung von Konserven.

- Gerichte aus der Heißluftfritteuse sind eine einfache Möglichkeit, schmackhaftes Essen zu servieren, das nicht viel Platz einnimmt. In der Heißluftfritteuse können Sie dreimal so viel Essen zubereiten wie in Ihrer Mikrowelle.

- Luftfritteusen haben eine kleine Stellfläche und Sie können sie in einem Schrank verstauen, wenn sie nicht in Gebrauch sind.

-Sie sind vielseitige Küchengeräte. Sie können sie zum Kochen von Speisen zum Mittag- und Abendessen sowie für Snacks verwenden.

- Luftfritteusen erfordern wenig bis gar keine Aufregung in der Küche. Sie können sie mit aufgesetztem Deckel verwenden, was bedeutet, dass weniger Abwasch anfällt.

Marinierte Entenbrüste

Zwischenrezept

Zubereitungszeit: 1 Tag

Kochzeit: 20 Minuten

Portionen: 2

Zutaten:

1   Entenbrüste
2   1 Tasse Weißwein
3   ¼ Tasse Sojasauce
4   Knoblauchzehen, gehackt
5   Estragonfedern
6   Salz und schwarzer Pfeffer nach Geschmack

7 1 Esslöffel Butter

8 ¼ Tasse Sherrywein

Wegbeschreibung:

- In einer Schüssel die Entenbrüste mit Weißwein, Sojasauce, Knoblauch, Estragon, Salz und Pfeffer vermischen, gut durchschwenken und 1 Tag im Kühlschrank aufbewahren. Geben Sie die Entenbrüste in die vorgeheizte Heißluftfritteuse (350 Grad F) und garen Sie sie 10 Minuten lang, wobei Sie sie nach der Hälfte der Zeit wenden.

- In der Zwischenzeit die Marinade in eine Pfanne geben, bei mittlerer Hitze erwärmen, Butter und Sherry zugeben, umrühren, zum Köcheln bringen, 5 Minuten kochen und vom Herd nehmen. Entenbrüste auf Tellern verteilen, mit Sauce beträufeln und servieren. Guten Appetit!

Ernährung:

Kalorien 475

Fett 12

Kohlenhydrate 10

Eiweiß 48

Huhn und Rettich Mix

Grundrezept

Zubereitungszeit: 10 Minuten

Kochzeit: 30 Minuten

Portionen: 4

Zutaten:

1. Hühnerteile, mit Knochen
2. Salz und schwarzer Pfeffer nach Geschmack
3. 1 Esslöffel Olivenöl
4. 1 Tasse Hühnerbrühe
5. Radieschen, halbiert
6. 1 Teelöffel Zucker
7. Möhren in dünne Stifte geschnitten
8. Esslöffel Schnittlauch, gehackt

Wegbeschreibung:

- Erhitzen Sie einen Topf, der in Ihre Heißluftfritteuse passt, bei mittlerer Hitze, fügen Sie Brühe, Karotten, Zucker und Radieschen hinzu, rühren Sie vorsichtig um, reduzieren Sie die Hitze auf mittlere Stufe, decken Sie den Topf teilweise ab und lassen Sie ihn 20 Minuten lang köcheln. Reiben Sie das Hähnchen mit Olivenöl ein, würzen Sie es mit Salz und Pfeffer, legen Sie es in Ihre Heißluftfritteuse und garen Sie es bei 350 Grad F für 4 Minuten.

- Hähnchen zur Rettichmischung geben, durchschwenken, alles in die Fritteuse geben, weitere 4 Minuten garen, auf Teller verteilen und servieren. Guten Appetit!

Ernährung:

Kalorien 237

Fett 10

Kohlenhydrate 19

Eiweiß 29

Hähnchenbrüste und BBQ-Chili-Sauce

Grundrezept

Zubereitungszeit: 10 Minuten

Kochzeit: 20 Minuten

Portionen: 6

Zutaten:

1   Tassen Chilisauce

2   Tassen Ketchup

3   1 Tasse Birnengelee

4   ¼ Tasse Honig

5   ½ Teelöffel Flüssigrauch

6 1 Teelöffel Chilipulver

7 1 Teelöffel Senfpulver

8 1 Teelöffel Paprika süß

9 Salz und schwarzer Pfeffer nach Geschmack

10 1 Teelöffel Knoblauchpulver

11 Hühnerbrüste, ohne Haut und ohne Knochen

Wegbeschreibung:

- In der Zwischenzeit eine Pfanne mit der Chilisauce bei mittlerer Hitze erhitzen, Ketchup, Birnengelee, Honig, Flüssigrauch, Chilipulver, Senfpulver, süßes Paprikapulver, Salz, Pfeffer und Knoblauchpulver hinzugeben, umrühren, zum Köcheln bringen und 10 Minuten kochen lassen. Die luftgefrorenen Hähnchenbrüste hinzugeben, gut durchschwenken, auf Tellern verteilen und servieren. Guten Appetit!

Ernährung:

Kalorien 473

Fett 13

Kohlenhydrate 39

Eiweiß 33

Entenbrüste und Mango-Mix

Zwischenrezept

Zubereitungszeit: 1 Stunde

Kochzeit: 20 Minuten

Portionen: 4

Zutaten:

1. Entenbrüste
2. 1 und ½ Esslöffel Zitronengras, gehackt
3. Esslöffel Zitronensaft
4. Esslöffel Olivenöl
5. Salz und schwarzer Pfeffer nach Geschmack
6. Knoblauchzehen, gehackt
7. Für die Mango-Mischung:
8. 1 Mango, geschält und gewürfelt

9 1 Esslöffel Koriander, gehackt

10 1 rote Zwiebel, gehackt

11 1 Esslöffel süße Chilisauce

12 1 und ½ Esslöffel Zitronensaft

13 1 Teelöffel Ingwer, gerieben

14 ¾ Teelöffel Zucker

Wegbeschreibung:

- In einer Schüssel die Entenbrüste mit Salz, Pfeffer, Zitronengras, 3 Esslöffeln Zitronensaft, Olivenöl und Knoblauch vermischen, gut durchschwenken, 1 Stunde im Kühlschrank aufbewahren, in die Fritteuse geben und bei 360 Grad F 10 Minuten lang garen, dabei einmal umdrehen.

- Inzwischen in einer Schüssel Mango mit Koriander, Zwiebel, Chilisauce, Zitronensaft, Ingwer und Zucker mischen und gut durchschwenken. Ente auf Tellern verteilen, Mango-Mischung an der Seite dazugeben und servieren. Genießen!

Ernährung:

Kalorien 465

Fett 11

Kohlenhydrate 29

Eiweiß 38

Schneller cremiger Hühnerauflauf

Grundrezept

Zubereitungszeit: 10 Minuten

Kochzeit: 15 Minuten

Portionen: 4

Zutaten:

1. Unzen Spinat, gehackt
2. Esslöffel Butter
3. Esslöffel Mehl
4. 1 und ½ Tassen Milch
5. ½ Tasse Parmesan, gerieben
6. ½ Tasse Schlagsahne
7. Salz und schwarzer Pfeffer nach Geschmack
8. Tasse Hähnchenbrust, ohne Haut, ohne Knochen und in Würfel geschnitten
9. 1 Tasse Semmelbrösel

Wegbeschreibung:

- Eine Pfanne mit der Butter bei mittlerer Hitze erhitzen, Mehl hinzufügen und gut umrühren. Milch, Sahne und Parmesan hinzufügen, gut umrühren, weitere 1-2 Minuten kochen und vom Herd nehmen. In einer Pfanne, die in Ihre Heißluftfritteuse passt, Hähnchen und Spinat verteilen. Salzen und pfeffern und durchschwenken. Sahne-Mischung dazugeben und verteilen, Semmelbrösel darüber streuen, in die Fritteuse geben und bei 350 Grad 12 Minuten garen. Guten Appetit!

Ernährung:

Kalorien 321

Fett 9

Kohlenhydrate 22

Eiweiß 17

Huhn und Pfirsiche

Grundrezept

Zubereitungszeit: 10 Minuten

Kochzeit: 30 Minuten

Portionen: 6

Zutaten:

1   1 ganzes Huhn, in mittlere Stücke geschnitten
2   ¾ Tasse Wasser
3   1/3 Tasse Honig
4   Salz und schwarzer Pfeffer nach Geschmack
5   ¼ Tasse Olivenöl

6 Pfirsiche, halbiert

Wegbeschreibung:

- Wasser in einen Topf geben, bei mittlerer Hitze zum Köcheln bringen, Honig hinzufügen, gut verquirlen und beiseite stellen. Hähnchenteile mit Öl einreiben, salzen und pfeffern, in den Korb der Fritteuse legen und bei 350 Grad F 10 Minuten garen. Hähnchen mit etwas Honigmischung bestreichen, weitere 6 Minuten garen, umdrehen, erneut mit Honigmischung bestreichen und weitere 7 Minuten garen. Hähnchenteile auf Tellern verteilen und warm halten. Pinseln Sie die Pfirsiche mit dem Rest der Honigmarinade ein, legen Sie sie in die Fritteuse und garen Sie sie 3 Minuten lang neben den Hähnchenteilen auf Tellern und servieren Sie sie. Guten Appetit!

Ernährung:

Kalorien 430

Fett 14

Kohlenhydrate 15

Eiweiß 20

Hähnchen mit Teeglasur

Grundrezept

Zubereitungszeit: 10 Minuten

Kochzeit: 30 Minuten

Portionen: 6

Zutaten:

1. ½ Tasse Aprikosenkonfitüre
2. ½ Tasse Ananaskonserven
3. Hühnerbeine
4. 1 Tasse heißes Wasser
5. Schwarzteebeutel
6. 1 Esslöffel Sojasauce
7. 1 Zwiebel, gehackt
8. ¼ Teelöffel rote Paprikaflocken
9. 1 Esslöffel Olivenöl
10. Salz und schwarzer Pfeffer nach Geschmack
11. Hühnerbeine

Wegbeschreibung:

- Heißes Wasser in eine Schüssel geben, Teebeutel hinzufügen, zugedeckt 10 Minuten ziehen lassen, Beutel am Ende entsorgen und Tee in eine andere Schüssel umfüllen. Sojasauce, Paprikaflocken, Aprikosen- und Ananaskonfitüre hinzufügen, gut verquirlen und vom Herd nehmen.

- Hähnchen mit Salz und Pfeffer würzen, mit Öl einreiben, in die Heißluftfritteuse geben und bei 350 Grad F für 5 Minuten garen. Zwiebel auf dem Boden einer Auflaufform, die in die Heißluftfritteuse passt, verteilen, Hähnchenteile dazugeben, mit der Teeglasur beträufeln, in die Heißluftfritteuse geben und bei 320 Grad F für 25 Minuten garen. Alles auf Teller verteilen und servieren. Guten Appetit!

Ernährung:

Kalorien 298

Fett 14

Kohlenhydrate 14

Eiweiß 30

Ratatouille

Grundrezept

Zubereitungszeit: 10 Minuten

Kochzeit: 20 Minuten

Portionen: 4

Zutaten:

1. Roma-Tomaten, entkernt und gewürfelt
2. Knoblauchzehen, in Scheiben geschnitten
3. 1 Baby-Aubergine, geschält und gewürfelt
4. 1 rote Paprika, gewürfelt
5. 1 gelbe Paprika, gewürfelt
6. 1 kleine Zwiebel, gehackt
7. 1 Teelöffel italienisches Gewürz
8. 1 Teelöffel Olivenöl

Wegbeschreibung:

- Vermengen Sie in einer mittelgroßen Metallschüssel vorsichtig die Tomaten, den Knoblauch, die Aubergine, die rote und gelbe Paprika, die Zwiebel, die italienischen Gewürze und das Olivenöl. Stellen Sie die Schüssel in die Heißluftfritteuse. Braten Sie das Gemüse 12 bis 16 Minuten lang, wobei Sie es einmal umrühren, bis es zart ist. Servieren Sie es warm oder kalt.

Ernährung:

Kalorien 69

Fett 2g

Eiweiß 2g

Kohlenhydrate 11g

Gemüse-Eierröllchen

Grundrezept

Zubereitungszeit: 15 Minuten

Kochzeit: 10 Minuten

Portionen: 4

Zutaten:

1. ½ Tasse gehackter gelber Sommerkürbis
2. ⅓ Tasse geriebene Karotte
3. ½ Tasse gehackte rote Paprika
4. Frühlingszwiebeln, weiße und grüne Teile, gehackt
5. 1 Teelöffel natriumarme Sojasauce
6. Frühlingsrollenwickler (siehe Tipp)
7. 1 Esslöffel Speisestärke
8. 1 Ei, verquirlt

Wegbeschreibung:

- Mischen Sie in einer mittelgroßen Schüssel den gelben Kürbis, die Karotte, die rote Paprika, die Frühlingszwiebeln und die Sojasauce.
- Legen Sie die Frühlingsrollenhüllen auf eine Arbeitsfläche. Geben Sie jeweils etwa 3 Esslöffel der Gemüsemischung darauf.

- Mischen Sie in einer kleinen Schüssel die Maisstärke und das Ei gründlich. Bestreichen Sie die Ränder jedes Wraps mit etwas Eimischung. Rollen Sie die Wraps auf und falten Sie die Seiten um, damit die Füllung enthalten ist. Bestreichen Sie die Außenseite jeder Frühlingsrolle mit der Eimischung.
- Frittieren Sie es 7 bis 10 Minuten oder bis es braun und knusprig ist und servieren Sie es sofort.

Ernährung:

Kalorien 130

Fett 2g

Eiweiß 6g

Kohlenhydrate 23g

Sandwiches mit gegrilltem Käse und Grünzeug

Grundrezept

Zubereitungszeit: 15 Minuten

Kochzeit: 10 Minuten

Portionen: 4

Zutaten:

1. 1½ Tassen gehacktes gemischtes Grünzeug (Grünkohl, Mangold, Kohlrabi; siehe Tipp)
2. Knoblauchzehen, in dünne Scheiben geschnitten
3. Teelöffel Olivenöl
4. Scheiben natriumarmer fettarmer Schweizer Käse
5. Scheiben natriumarmes Vollkornbrot
6. Olivenölspray, zum Bestreichen der Sandwiches

Wegbeschreibung:

- Mischen Sie das Grünzeug, den Knoblauch und das Olivenöl in einer 6 x 2-Zoll-Pfanne. Garen Sie das Gemüse in der Heißluftfritteuse 4 bis 5 Minuten lang unter einmaligem Umrühren, bis es weich ist. Trocknen Sie es ggf. ab.
- Machen Sie 2 Sandwiches, indem Sie die Hälfte des Grünzeugs und 1 Scheibe Schweizer Käse zwischen 2 Brotscheiben verteilen. Besprühen Sie die Außenseiten der Sandwiches leicht mit Olivenölspray.

- Grillen Sie die Sandwiches in der Heißluftfritteuse 6 bis 8 Minuten lang, wobei Sie sie nach der Hälfte der Zeit mit einer Zange wenden, bis das Brot getoastet ist und der Käse schmilzt.
- Schneiden Sie jedes Sandwich zum Servieren in zwei Hälften.

Ernährung:

Kalorien 176

Fett 6g

Eiweiß 10g

Kohlenhydrate 24g

Veggie Thunfisch Melts

Grundrezept

Zubereitungszeit: 15 Minuten

Kochzeit: 10 Minuten

Portionen: 4

Zutaten:

1   natriumarme englische Vollkornmuffins geteilt

2   1 (6 Unzen) Dose Thunfisch in Stücken mit niedrigem
    Natriumgehalt, abgetrocknet

3   1 Tasse geschredderte Karotte

4   ⅓ Tasse gehackte Champignons

5   Frühlingszwiebeln, weiße und grüne Teile, in Scheiben
    geschnitten

6   ⅓ Tasse fettfreien griechischen Joghurt

7   Esslöffel natriumarmer steingemahlener Senf

8   Scheiben natriumarmer fettarmer Schweizer Käse,
    halbiert

Wegbeschreibung:

- Legen Sie die englischen Muffinhälften in den Korb der
  Heißluftfritteuse. Grillen Sie sie 3 bis 4 Minuten oder
  bis sie knusprig sind. Aus dem Korb nehmen und
  beiseite stellen.

- Mischen Sie in einer mittelgroßen Schüssel den
  Thunfisch, die Karotten, die Pilze, die
  Frühlingszwiebeln, den Joghurt und den Senf
  gründlich. Belegen Sie jede Hälfte der Muffins mit
  einem Viertel der Thunfischmischung und einer halben
  Scheibe Schweizer Käse.

- Grillen Sie in der Heißluftfritteuse 4 bis 7 Minuten,
  oder bis die Thunfischmischung heiß ist und der Käse
  schmilzt und anfängt, braun zu werden. Servieren Sie
  sofort.

Ernährung:

Kalorien 191

Fett 4g

Eiweiß 23g

Kohlenhydrate 16g

Kalifornien schmilzt

Grundrezept

Zubereitungszeit: 10 Minuten

Kochzeit: 5 Minuten

Portionen: 4

Zutaten:

1. natriumarme englische Vollkornmuffins geteilt
2. Esslöffel fettfreien griechischen Joghurt
3. frische Babyspinatblätter
4. 1 reife Tomate, in 4 Scheiben geschnitten
5. ½ reife Avocados, geschält, entkernt und längs in Scheiben geschnitten (siehe Tipp)
6. frische Basilikumblätter
7. Esslöffel zerbröckelter fettfreier natriumarmer Feta-Käse, geteilt

Wegbeschreibung:

- Legen Sie die englischen Muffinhälften in die Heißluftfritteuse. Toasten Sie sie 2 Minuten lang oder bis sie leicht goldbraun sind. Übertragen Sie sie auf eine Arbeitsfläche.
- Bestreichen Sie jede Muffinhälfte mit 1½ Teelöffeln Joghurt.

- Belegen Sie jede Muffin-Hälfte mit 2 Spinatblättern, 1 Tomatenscheibe, einem Viertel der Avocado und 2 Basilikumblättern. Bestreuen Sie jedes mit 1 Esslöffel Fetakäse. Toasten Sie die Sandwiches in der Heißluftfritteuse für 3 bis 4 Minuten oder bis der Käse weich und das Sandwich heiß ist. Sofort servieren.

Ernährung:

Kalorien 110

Fett 3g

Eiweiß 8g

Kohlenhydrate 13g

Gemüse-Pita-Sandwiches

Grundrezept

Zubereitungszeit: 10 Minuten

Kochzeit: 20 Minuten

Portionen: 4

Zutaten:

1. 1 Baby-Aubergine geschält und gewürfelt (siehe Tipp)
2. 1 rote Paprika, in Scheiben geschnitten
3. ½ Tasse gewürfelte rote Zwiebel
4. ½ Tasse geschredderte Karotte
5. 1 Teelöffel Olivenöl
6. ⅓ Tasse fettarmer griechischer Joghurt
7. ½ Teelöffel getrockneter Estragon

8   natriumarme Vollkorn-Pita-Brote, kreuzweise halbiert

Wegbeschreibung:

- Rühren Sie in einer 6 x 2-Zoll-Pfanne die Aubergine, die rote Paprika, die rote Zwiebel, die Karotte und das Olivenöl zusammen. Geben Sie die Gemüsemischung in den Korb der Luftfritteuse und braten Sie sie 7 bis 9 Minuten lang, wobei Sie einmal umrühren, bis das Gemüse zart ist. Trocknen Sie es bei Bedarf ab.
- Mischen Sie in einer kleinen Schüssel den Joghurt und den Estragon gründlich, bis er gut vermischt ist.
- Rühren Sie die Joghurtmischung unter das Gemüse. Füllen Sie ein Viertel dieser Mischung in jede Pitatasche.
- Legen Sie die Sandwiches in die Heißluftfritteuse und garen Sie sie 2 bis 3 Minuten, oder bis das Brot getoastet ist. Servieren Sie sie sofort.

Ernährung:

Kalorien 176

Fett 4g

Eiweiß 7g

Kohlenhydrate 27g

Falafel

Grundrezept

Zubereitungszeit: 10 Minuten

Kochzeit: 20 Minuten

Portionen: 4

Zutaten:

1. 1 (16-Unzen) Dose Kichererbsen ohne Salzzusatz, gespült und abgetrocknet
2. ⅓ Tasse Vollkorn-Teigmehl
3. ⅓ Tasse gehackte rote Zwiebel
4. Knoblauchzehen, gehackt
5. Esslöffel gehackter frischer Koriander
6. 1 Esslöffel Olivenöl
7. ½ Teelöffel gemahlener Kreuzkümmel
8. ¼ Teelöffel Cayennepfeffer

Wegbeschreibung:

- In einer mittelgroßen Schüssel die Kichererbsen mit einem Kartoffelstampfer zerdrücken, bis sie weitgehend glatt sind.

- Rühren Sie das Teigmehl, die rote Zwiebel, den Knoblauch, den Koriander, das Olivenöl, den Kreuzkümmel und den Cayennepfeffer ein, bis alles gut vermischt ist. Die Kichererbsenmischung zu 12 Bällen formen. Frittieren Sie die Falafelbällchen schubweise 11 bis 13 Minuten in der Luft, bis die Falafel fest und leicht goldbraun sind. Servieren.

Ernährung:

Kalorien 172

Fett 5g

Eiweiß 7g

Kohlenhydrate 25g

Gefüllte Tomaten

Grundrezept

Zubereitungszeit: 5 Minuten

Kochzeit: 20 Minuten

Portionen: 4

Zutaten:

1. mittlere Beefsteak-Tomaten, abgespült und trocken getupft
2. 1 mittelgroße Zwiebel, gehackt
3. ½ Tasse geriebene Karotte
4. 1 Knoblauchzehe, gehackt
5. Teelöffel Olivenöl
6. Tassen frischer Babyspinat
7. ¼ Tasse zerbröckelter natriumarmer Feta-Käse
8. ½ Teelöffel getrocknetes Basilikum

Wegbeschreibung:

- Schneiden Sie von jeder Tomate etwa 1,5 cm der Oberseite ab. Höhlen Sie sie vorsichtig aus (siehe Tipp), so dass eine etwa 1,5 cm dicke Wand übrig bleibt. Trocknen Sie die Tomaten mit der Oberseite nach unten auf Papiertüchern ab, während Sie die Füllung zubereiten.

- Mischen Sie in einer 6 x 2-Zoll-Pfanne die Zwiebel, die Karotte, den Knoblauch und das Olivenöl. Backen Sie es für 4 bis 6 Minuten, oder bis das Gemüse knackig-zart ist.
- Rühren Sie den Spinat, Feta-Käse und Basilikum unter.
- Füllen Sie jede Tomate mit einem Viertel der Gemüsemischung. Backen Sie die Tomaten im Frittierkorb 12 bis 14 Minuten, oder bis sie heiß und zart sind.
- Sofort servieren.

Ernährung:

Kalorien 79

Fett 3g

Eiweiß 3g

Kohlenhydrate 9g

Beladene Mini-Kartoffeln

Grundrezept

Zubereitungszeit: 5 Minuten

Kochzeit: 25 Minuten

Portionen: 2

Zutaten:

1 24 kleine neue Kartoffeln oder Pellkartoffeln, gewaschen, geschrubbt und trocken getupft

2 1 Teelöffel Olivenöl

3 ½ Tasse fettarmer griechischer Joghurt

4 1 Esslöffel natriumarmer Senf aus Steinmehl (siehe Tipp)

5 ½ Teelöffel getrocknetes Basilikum

6 Roma-Tomaten, entkernt und gewürfelt

7 Frühlingszwiebeln, weiße und grüne Teile, gehackt

8 Esslöffel gehackter frischer Schnittlauch

Wegbeschreibung:

- Schwenken Sie die Kartoffeln in einer großen Schüssel mit dem Olivenöl. Übertragen Sie sie in den Korb der Fritteuse. Braten Sie die Kartoffeln 20 bis 25 Minuten lang, wobei Sie den Korb einmal schütteln, bis die Kartoffeln außen knusprig und innen weich sind. Verrühren Sie in der Zwischenzeit in einer kleinen Schüssel den Joghurt, den Senf und das Basilikum.

- Legen Sie die Kartoffeln auf eine Servierplatte und zerdrücken Sie jede einzelne vorsichtig mit dem Boden eines Trinkglases leicht. Die Kartoffeln mit der Joghurtmischung bedecken. Bestreuen Sie sie mit den Tomaten, den Frühlingszwiebeln und dem Schnittlauch. Sofort servieren.

Ernährung:

Kalorien 100

Fett 2g

Eiweiß 5g

Kohlenhydrate 19g

Gemüse-Quiche ohne Kruste

Grundrezept

Zubereitungszeit: 5 Minuten

Kochzeit: 20 Minuten

Portionen: 3

Zutaten:

1. Eiklar
2. 1 Ei
3. 1 Tasse gefrorener gehackter Spinat, aufgetaut und abgetropft
4. 1 rote Paprika, gewürfelt
5. ½ Tasse gehackte Champignons
6. ⅓ Tasse gehackte rote Zwiebel
7. 1 Esslöffel natriumarmer Senf
8. 1 Scheibe natriumarmer fettarmer Schweizer Käse, in kleine Stücke gerissen
9. Antihaft-Kochspray mit Mehl, zum Einfetten der Pfanne

Wegbeschreibung:

- Schlagen Sie in einer mittelgroßen Schüssel das Eiweiß und das Ei, bis es vermengt ist.
- Rühren Sie den Spinat, die rote Paprika, die Champignons, die Zwiebel und den Senf ein.
- Mischen Sie den Schweizer Käse unter.

- Besprühen Sie eine 6 x 2-Zoll-Pfanne mit Antihaft-Kochspray.
- Gießen Sie die Eimischung in die vorbereitete Pfanne.
- Backen Sie es für 18 bis 22 Minuten oder bis die Eimasse aufgeblasen, leicht goldbraun und fest ist. Vor dem Servieren 5 Minuten abkühlen lassen.

Ernährung:

Kalorien 76

Fett 3g

Eiweiß 8g

Kohlenhydrate 4g

Rührei mit Brokkoli und Spinat

Grundrezept

Zubereitungszeit: 15 Minuten

Kochzeit: 20 Minuten

Portionen: 4

Zutaten:

1. Teelöffel ungesalzene Butter
2. 1 mittelgroße Zwiebel, gehackt
3. 1 rote Paprika, gewürfelt
4. 1 Tasse kleine Brokkoli-Röschen
5. ½ Teelöffel getrockneter Majoran
6. Eiklar
7. Eier
8. 1 Tasse frischer Babyspinat

Wegbeschreibung:

- Erhitzen Sie die Butter in einer 6 x 2-Zoll-Pfanne in der Heißluftfritteuse für 1 Minute oder bis sie schmilzt.
- Fügen Sie die Zwiebel, die rote Paprika, den Brokkoli, den Majoran und 1 Esslöffel Wasser hinzu. 3 bis 5 Minuten an der Luft braten, oder bis das Gemüse knackig-zart ist. Trocknen Sie es ggf. ab.
- In der Zwischenzeit schlagen Sie in einer mittelgroßen Schüssel das Eiweiß und die Eier schaumig.

- Geben Sie den Spinat und die Eier zum Gemüse in die Pfanne. 8 bis 12 Minuten an der Luft braten, dabei dreimal umrühren, bis die Eier fest und fluffig sind und auf einem Fleischthermometer 160°F erreichen. Sofort servieren.

Ernährung:

Kalorien 86

Fett 3g

Eiweiß 8g

Kohlenhydrate 5g

Bohnen und Grüne Pizza

Grundrezept

Zubereitungszeit: 10 Minuten

Kochzeit: 20 Minuten

Portionen: 4

Zutaten:

1. ¾ Tasse Vollkorn-Teigmehl
2. ½ Teelöffel natriumarmes Backpulver
3. 1 Esslöffel Olivenöl, geteilt
4. 1 Tasse gehackter Grünkohl
5. Tassen gehackter frischer Babyspinat
6. 1 Tasse Cannellini-Bohnen aus der Dose ohne Salzzusatz, abgespült und abgetrocknet (siehe Tipp)

7   ½ Teelöffel getrockneter Thymian

8   1 Stück natriumarmer Streichkäse, in Stücke gerissen

Wegbeschreibung:

- Mischen Sie in einer kleinen Schüssel das Backmehl und das Backpulver, bis es gut vermischt ist.

- Fügen Sie ¼ Tasse Wasser und 2 Teelöffel Olivenöl hinzu. Mischen, bis ein Teig entsteht.

- Drücken oder rollen Sie den Teig auf einer bemehlten Fläche zu einer 7-Zoll-Runde. Legen Sie ihn beiseite, während Sie das Grünzeug zubereiten. Mischen Sie den Grünkohl, den Spinat und den restlichen Teelöffel Olivenöl in einer 6 x 2-Zoll-Pfanne. Braten Sie ihn 3 bis 5 Minuten lang an der Luft, bis das Grünzeug verwelkt ist. Trocknen Sie es gut ab.

- Legen Sie den Pizzateig in den Korb der Luftfritteuse. Belegen Sie ihn mit dem Grünzeug, den Cannellini-Bohnen, dem Thymian und dem Streichkäse. 11 bis 14 Minuten lang luftfritieren, bis die Kruste goldbraun und der Käse geschmolzen ist. Zum Servieren in Viertel schneiden.

Ernährung:

Kalorien 175

Fett 5g

Eiweiß 9g

Kohlenhydrate 24g

Mini-Pizzen mit gegrilltem Huhn

Grundrezept

Zubereitungszeit: 15 Minuten

Kochzeit: 10 Minuten

Portionen: 4

Zutaten:

1. natriumarme Vollkorn-Pita-Brote, geteilt (siehe Tipp)
2. ½ Tasse Tomatensauce ohne Salzzusatz
3. 1 Knoblauchzehe, gehackt
4. ½ Teelöffel getrockneter Oregano
5. 1 gekochte geschredderte Hühnerbrust
6. 1 Tasse gehackte Champignons
7. ½ Tasse gehackte rote Paprika
8. ½ Tasse geschredderter teilentrahmter natriumarmer Mozzarella-Käse

Wegbeschreibung:

- Legen Sie die Pitabrote mit der Innenseite nach oben auf eine Arbeitsfläche.
- Rühren Sie in einer kleinen Schüssel die Tomatensauce, den Knoblauch und den Oregano zusammen. Verteilen Sie etwa 2 Esslöffel der Sauce auf jeder Pitahälfte.
- Geben Sie jeweils ¼ Tasse zerkleinertes Hähnchenfleisch, ¼ Tasse Champignons und 2 Esslöffel rote Paprika darauf. Mit dem Mozzarella-Käse bestreuen.

- Backen Sie die Pizzen 3 bis 6 Minuten, oder bis der Käse schmilzt und anfängt zu bräunen und das Pitabrot knusprig ist. Sofort servieren.

Ernährung:

Kalorien 249

Fett 7g

Eiweiß 23g

Kohlenhydrate 25g

Hähnchen-Kroketten

Grundrezept

Zubereitungszeit: 15 Minuten

Kochzeit: 10 Minuten

Portionen: 4

Zutaten:

1   (5-Unzen) gekochte Hühnerbrüste, fein gehackt (siehe Tipp)
2   ⅓ Tasse fettarmer griechischer Joghurt
3   Esslöffel gehackte rote Zwiebel
4   Stangensellerie, gehackt
5   1 Knoblauchzehe, gehackt
6   ½ Teelöffel getrocknetes Basilikum
7   Eiweiß, geteilt
8   Scheiben natriumarmes Vollkornbrot, zerkrümelt

Wegbeschreibung:

- Mischen Sie in einer mittelgroßen Schüssel das Hähnchen, den Joghurt, die rote Zwiebel, den Sellerie, den Knoblauch, das Basilikum und 1 Eiweiß gründlich. Formen Sie die Mischung in 8 Ovale und drücken Sie sie vorsichtig in Form.
- Schlagen Sie das restliche Eiweiß in einer flachen Schüssel schaumig.
- Geben Sie die Semmelbrösel auf einen Teller.

- Tauchen Sie die Hähnchenkroketten in das Eiweiß und dann in die Semmelbrösel, um sie zu panieren.
- Braten Sie die Kroketten schubweise 7 bis 10 Minuten lang an der Luft, oder bis die Kroketten eine Innentemperatur von 160°F auf einem Fleischthermometer erreichen und ihre Farbe goldbraun ist. Sofort servieren.

Ernährung:

Kalorien 207

Fett 4g

Eiweiß 32g

Kohlenhydrate 8g,

Schweinekoteletts und Joghurtsoße

Grundrezept

Zubereitungszeit: 10 Minuten

Kochzeit: 30 Minuten

Portionen: 4

Zutaten:

1. Esslöffel Avocadoöl
2. Pfund Schweinekoteletts
3. 1 Tasse Joghurt
4. Knoblauchzehen, gehackt
5. 1 Teelöffel Kurkumapulver
6. Salz und schwarzer Pfeffer nach Geschmack

---

7   Esslöffel Oregano, gehackt

Wegbeschreibung:

- Mischen Sie die Schweinekoteletts in der Pfanne der Luftfritteuse mit dem Joghurt und den anderen Zutaten, schwenken Sie sie und garen Sie sie bei 400 Grad F für 30 Minuten
- Verteilen Sie die Mischung auf Teller und servieren Sie sie.

Ernährung:

Kalorien 301

Fett 7

Kohlenhydrate 19

Eiweiß 22

Lamm und Macadamia-Nüsse Mix

Grundrezept

Zubereitungszeit: 10 Minuten

Kochzeit: 20 Minuten

Portionen: 4

Zutaten:

1   Pfund Lamm-Eintopf-Fleisch, gewürfelt

2   Esslöffel Macadamianüsse, geschält

3   1 Tasse Babyspinat

4   ½ Tasse Rinderbrühe

5   Knoblauchzehen, gehackt

6   Salz und schwarzer Pfeffer nach Geschmack

7   1 Esslöffel Oregano, gehackt

Wegbeschreibung:

- Mischen Sie in der Pfanne der Luftfritteuse das Lammfleisch mit den Nüssen und den anderen Zutaten,
- Kochen Sie bei 380 Grad F für 20 Minuten,
- Auf Tellern verteilen und servieren.

Ernährung:

Kalorien 280

Fett 12

Kohlenhydrate 20

Eiweiß 19

Rindfleisch, Gurke und Auberginen

Grundrezept

Zubereitungszeit: 10 Minuten

Kochzeit: 20 Minuten

Portionen: 4

Zutaten:

1. 1 Pfund Rindergulaschfleisch, in Streifen geschnitten
2. 2Erdapfelpflanzen, gewürfelt
3. 2Gewürzgurken, in Scheiben geschnitten
4. 2Knoblauchzehen, gehackt
5. 1 Becher Schlagsahne
6. 2Tablettenlöffel Olivenöl
7. Salz und schwarzer Pfeffer nach Geschmack

Wegbeschreibung:

- Mischen Sie das Rindfleisch mit den Auberginen und den anderen Zutaten in einer Auflaufform, die in Ihre Fritteuse passt, schwenken Sie es, stellen Sie die Pfanne in die Fritteuse und garen Sie es bei 400 Grad F für 20 Minuten
- Verteilen Sie alles in Schüsseln und servieren Sie es.

Ernährung:

Kalorien 283

Fett 11

Kohlenhydrate 22

Eiweiß 14

Rosmarin-Schweinefleisch und Artischocken

Grundrezept

Zubereitungszeit: 10 Minuten

Kochzeit: 25 Minuten

Portionen: 4

Zutaten:

1   1 Pfund Schweinefleisch, gewürfelt

2 1 Tasse Artischockenherzen aus der Dose, abgetropft und halbiert

3 2Tablettenlöffel Olivenöl

4 2Esslöffel Rosmarin, gehackt

5 ½ Teelöffel Kreuzkümmel, gemahlen

6 ½ Teelöffel Muskatnuss, gemahlen

7 ½ Tasse saure Sahne

8 Salz und schwarzer Pfeffer nach Geschmack

Wegbeschreibung:

- Mischen Sie das Schweinefleisch mit den Artischocken und den anderen Zutaten in einer Pfanne, die in Ihre Heißluftfritteuse passt, geben Sie es in die Fritteuse und garen Sie es bei 400 Grad F für 25 Minuten
- Verteilen Sie alles in Schüsseln und servieren Sie es.

Ernährung:

Kalorien 280

Fett 13

Kohlenhydrate 22

Eiweiß 18

Senf-Lammkoteletts

Grundrezept

Zubereitungszeit: 15 Minuten

Kochzeit: 30 Minuten

Portionen: 4

Zutaten:

1. 4-Unzen-Lammkoteletts
2. Esslöffel Dijon-Senf
3. 1 Esslöffel frischer Zitronensaft
4. ½ Teelöffel Olivenöl
5. 1 Teelöffel getrockneter Estragon
6. Salz und schwarzer Pfeffer, nach Geschmack

Wegbeschreibung:

- Heizen Sie die Heißluftfritteuse auf 390 Grad F vor und fetten Sie einen Heißluftfritteurkorb ein.
- Mischen Sie den Senf, Zitronensaft, Öl, Estragon, Salz und schwarzen Pfeffer in einer großen Schüssel.
- Bestreichen Sie die Koteletts großzügig mit der Senfmischung und legen Sie sie in den Korb der Airfryer.
- Etwa 15 Minuten garen, zwischendurch einmal wenden und heiß servieren.

Ernährung:

Kalorien 433,

Fett 17,6g,

Kohlenhydrate 0,6 g,

Eiweiß 64,1g,

Lammkoteletts mit Kräutern

Grundrezept

Zubereitungszeit: 10 Minuten

Kochzeit: 10 Minuten

Portionen: 2

Zutaten:

1. 4: 4-Unzen-Lammkoteletts
2. 1 Esslöffel frischer Zitronensaft
3. 1 Esslöffel Olivenöl
4. 1 Teelöffel getrockneter Rosmarin
5. 1 Teelöffel getrockneter Thymian
6. 1 Teelöffel getrockneter Oregano
7. ½ Teelöffel gemahlener Kreuzkümmel
8. ½ Teelöffel gemahlener Koriander
9. Salz und schwarzer Pfeffer, nach Geschmack

Wegbeschreibung:

- Heizen Sie die Heißluftfritteuse auf 390 Grad F vor und fetten Sie einen Heißluftfritteurkorb ein.
- Mischen Sie den Zitronensaft, das Öl, die Kräuter und die Gewürze in einer großen Schüssel.
- Bestreichen Sie die Koteletts großzügig mit der Kräutermischung und stellen Sie sie für ca. 1 Stunde in den Kühlschrank, um sie zu marinieren.

- Legen Sie die Koteletts in den Korb der Heißluftfritteuse und garen Sie sie etwa 7 Minuten lang, wobei Sie sie zwischendurch einmal wenden.
- Die Lammkoteletts auf einer Platte anrichten und heiß servieren.

Ernährung:

Kalorien 491

Fett 24g

Kohlenhydrate 1,6g

Eiweiß 64g

Za'atar-Lammkoteletts

Grundrezept

Zubereitungszeit: 10 Minuten

Kochzeit: 30 Minuten

Portionen: 4

Zutaten:

1. 8: 3½-Unzen-Lammkoteletts mit Knochen, zurechtgeschnitten
2. Knoblauchzehen, zerdrückt
3. 1 Esslöffel frischer Zitronensaft
4. 1 Teelöffel Olivenöl
5. 1 Esslöffel Za'ataro

6   Salz und schwarzer Pfeffer, nach Geschmack

Wegbeschreibung:

- Heizen Sie die Heißluftfritteuse auf 400 Grad F vor und fetten Sie einen Heißluftfritteurkorb ein.
- Mischen Sie den Knoblauch, Zitronensaft, Öl, Za'atar, Salz und schwarzen Pfeffer in einer großen Schüssel
- Bestreichen Sie die Koteletts großzügig mit der Kräutermischung und legen Sie die Koteletts in den Airfryer-Korb.
- Ca. 15 Minuten garen, zwischendurch zweimal wenden und die Lammkoteletts zum heißen Servieren anrichten.

Ernährung:

Kalorien 433

Fett 17.6g

Kohlenhydrate 0,6g

Eiweiß 64,1g

Lammkarree im Pesto-Mantel

Grundrezept

Zubereitungszeit: 15 Minuten

Kochzeit: 15 Minuten

Portionen: 4

Zutaten:

1. ½ Bund frische Minze
2. 1: 1½-Pfund-Rack vom Lamm
3. 1 Knoblauchzehe
4. ¼ Tasse kaltgepresstes Olivenöl
5. ½ Esslöffel Honig
6. Salz und schwarzer Pfeffer, nach Geschmack

Wegbeschreibung:

- Heizen Sie die Heißluftfritteuse auf 200 Grad F vor und fetten Sie einen Heißluftfritteurkorb ein.
- Geben Sie die Minze, den Knoblauch, das Öl, den Honig, das Salz und den schwarzen Pfeffer in einen Mixer und pulsieren Sie, bis sie glatt sind, um das Pesto herzustellen.
- Bestreichen Sie das Lammkarree auf beiden Seiten mit diesem Pesto und legen Sie es in den Frittierkorb.
- Etwa 15 Minuten garen und zum Servieren in einzelne Koteletts schneiden.

Ernährung:

Kalorien 406

Fett 27,7g

Kohlenhydrate 2,9g

Eiweiß 34,9g

Gewürzte Lammsteaks

Grundrezept

Zubereitungszeit: 15 Minuten

Kochzeit: 14 Minuten

Portionen: 3

Zutaten:

1. ½ Zwiebel, grob gewürfelt
2. 1½ Pfund Lammlendensteaks ohne Knochen
3. Knoblauchzehen, geschält
4. 1 Esslöffel frischer Ingwer, geschält
5. 1 Teelöffel Garam Masala
6. 1 Teelöffel gemahlener Fenchel
7. ½ Teelöffel gemahlener Kreuzkümmel
8. ½ Teelöffel gemahlener Zimt
9. ½ Teelöffel Cayennepfeffer
10. Salz und schwarzer Pfeffer, nach Geschmack

Wegbeschreibung:

- Heizen Sie die Heißluftfritteuse auf 330 Grad F vor und fetten Sie einen Heißluftfritteurkorb ein.

- Geben Sie die Zwiebel, den Knoblauch, den Ingwer und die Gewürze in einen Mixer und pulsieren Sie, bis sie glatt sind.

- Die Lammsteaks von beiden Seiten mit dieser Mischung bestreichen und ca. 24 Stunden im Kühlschrank marinieren.

- Die Lammsteaks in den Frittierkorb legen und ca. 15 Minuten garen, zwischendurch einmal wenden.
- Die Steaks auf einer Platte anrichten und warm servieren.

Ernährung:

Kalorien 252

Fett 16.7g

Kohlenhydrate 4.2g

Eiweiß 21,7g

Lammkeule mit Rosenkohl

Zwischenrezept

Zubereitungszeit: 20 Minuten

Kochzeit: 1 Stunde 30 Minuten

Portionen: 4

Zutaten:

- 2¼ Pfund Lammkeule
- 1 Esslöffel frischer Rosmarin, gehackt
- 1 Esslöffel frischer Zitronenthymian
- 1½ Pfund Rosenkohl, geputzt
- Esslöffel Olivenöl, geteilt
- 1 Knoblauchzehe, gehackt
- Salz und gemahlener schwarzer Pfeffer, je nach Bedarf
- Esslöffel Honig

Wegbeschreibung:

Heizen Sie die Heißluftfritteuse auf 300 Grad F vor und fetten Sie einen Heißluftfritteurkorb ein.

1 Mit einem scharfen Messer Schlitze in die Lammkeule schneiden.

2 Mischen Sie 2 Esslöffel Öl, Kräuter, Knoblauch, Salz und schwarzen Pfeffer in einer Schüssel.

3 Die Lammkeule großzügig mit der Ölmischung bestreichen und in den Korb der Airfryer legen.

4 Kochen Sie etwa 75 Minuten lang und stellen Sie die Fritteuse auf 390 Grad F ein.

5   Rosenkohl gleichmäßig mit dem restlichen Öl und Honig bestreichen und mit der Lammkeule in den Airfryerkorb legen.

6   Ca. 15 Minuten kochen lassen und zum Servieren warm anrichten.

Ernährung:

Kalorien 449

Fette 19,9g

Kohlenhydrate 16,6g

Eiweiß 51,7g

Honig-Senf-Käse-Fleischbällchen

Grundrezept

Zubereitungszeit: 15 Minuten

Kochzeit: 15 Minuten

Portionen: 8

Zutaten:

- Zwiebeln, gehackt
- 1 Pfund Rinderhackfleisch

- Esslöffel frisches Basilikum, gehackt
- Esslöffel Cheddar-Käse, gerieben
- Teelöffel Knoblauchpaste
- Teelöffel Honig
- Salz und schwarzer Pfeffer, nach Geschmack
- Teelöffel Senf

Wegbeschreibung:

- Heizen Sie die Heißluftfritteuse auf 3850F vor und fetten Sie einen Heißluftfritteurkorb ein.
- Mischen Sie alle Zutaten in einer Schüssel, bis sie gut miteinander verbunden sind.
- Formen Sie die Masse vorsichtig zu gleich großen Kugeln und legen Sie die Fleischbällchen in den Korb der Fritteuse.
- Ca. 15 Minuten kochen lassen und zum Servieren warm anrichten.

Ernährung:

Kalorien 134

Fett 4.4g

Kohlenhydrate 4,6g

Eiweiß 18,2g

Pikante Lamm-Kebabs

Grundrezept

Zubereitungszeit: 20 Minuten

Kochzeit: 10 Minuten

Portionen: 6

Zutaten:

1   Eier, verquirlt
2   1 Tasse Pistazien, gehackt
3   1 Pfund gemahlenes Lammfleisch
4   Esslöffel glattes Mehl
5   Esslöffel glatte Blattpetersilie, gehackt
6   Teelöffel Chiliflocken
7   Knoblauchzehen, gehackt
8   Esslöffel frischer Zitronensaft
9   Teelöffel Kreuzkümmelsamen
10 1 Teelöffel Fenchelsamen
11 Teelöffel getrocknete Minze
12 Teelöffel Salz
13 Olivenöl
14 1 Teelöffel Koriandersamen
15 1 Teelöffel frisch gemahlener schwarzer Pfeffer

Wegbeschreibung:

- Heizen Sie die Heißluftfritteuse auf 355 Grad F vor und fetten Sie einen Heißluftfritteurkorb ein.

- Lammfleisch, Pistazien, Eier, Zitronensaft, Chiliflocken, Mehl, Kreuzkümmel, Fenchelsamen, Koriandersamen, Minze, Petersilie, Salz und schwarzen Pfeffer in einer großen Schüssel mischen.
- Fädeln Sie die Lammfleischmischung auf Metallspieße, um Würste zu formen, und bestreichen Sie sie mit Olivenöl.
- Legen Sie die Spieße in den Korb der Heißluftfritteuse und garen Sie sie ca. 8 Minuten
- Auf einer Platte anrichten und heiß servieren.

Ernährung:

Kalorien 284

Fett 15,8g

Kohlenhydrate 8.4g

Eiweiß 27,9g

Einfache Rindfleisch-Burger

Grundrezept

Zubereitungszeit: 20 Minuten

Kochzeit: 10 Minuten

Portionen: 6

Zutaten:

1. Pfund Rinderhackfleisch
2. Cheddar-Käse-Scheiben
3. Brötchen
4. Esslöffel Tomatenketchup
5. Salz und schwarzer Pfeffer, nach Geschmack

Wegbeschreibung:

- Heizen Sie die Heißluftfritteuse auf 390 Grad F vor und fetten Sie einen Heißluftfritteurkorb ein.

- Mischen Sie das Rindfleisch, Salz und schwarzen Pfeffer in einer Schüssel.

- Formen Sie aus der Rindfleischmischung kleine, gleichgroße Patties und legen Sie die Hälfte der Patties in den Airfryer-Korb.

- Etwa 12 Minuten garen und jedes Patty mit 1 Käsescheibe belegen.

- Die Patties zwischen den Brötchen anrichten und mit Ketchup beträufeln.

- Wiederholen Sie den Vorgang mit der restlichen Charge und servieren Sie sie heiß.

Ernährung:

Kalorien 537

Fett 28,3g

Kohlenhydrate 7.6g

Eiweiß 60,6g

Lamm mit Kartoffeln

Grundrezept

Zubereitungszeit: 20 Minuten

Kochzeit: 20 Minuten

Portionen: 2

Zutaten:

1. ½ Pfund Lammfleisch
2. kleine Kartoffeln, geschält und halbiert
3. ½ kleine Zwiebel, geschält und halbiert
4. ¼ Tasse gefrorene Süßkartoffel-Pommes
5. 1 Knoblauchzehe, zerdrückt
6. ½ Esslöffel getrockneter Rosmarin, zerdrückt
7. 1 Teelöffel Olivenöl

Wegbeschreibung:

- Heizen Sie die Heißluftfritteuse auf 355 Grad F vor und legen Sie eine Trennwand in die Heißluftfritteuse. Reiben Sie das Lammfleisch gleichmäßig mit Knoblauch und Rosmarin ein und legen Sie es auf eine Seite des Fritteuseneinsatzes.

- Etwa 20 Minuten kochen und in der Zwischenzeit die Kartoffeln etwa 4 Minuten in der Mikrowelle garen. Schütten Sie die Kartoffeln in eine große Schüssel und rühren Sie das Olivenöl und die Zwiebeln ein.

- In den Airfryer-Teiler übertragen und die Seite der Lammrampe wechseln.

- Etwa 15 Minuten garen, zwischendurch einmal wenden und in einer Schüssel anrichten.

Ernährung:

Kalorien 399

Fett 18,5g

Kohlenhydrate 32,3g

Eiweiß 24,5g

Muskatnuss-Rindfleisch-Mix

Grundrezept

Zubereitungszeit: 10 Minuten

Kochzeit: 30 Minuten

Portionen: 4

Zutaten:

1   Pfund Rindergulasch, gewürfelt

2   1 Teelöffel Muskatnuss, gemahlen

3   Esslöffel Avocadoöl

4   ½ Teelöffel Chilipulver

5   ¼ Tasse Rinderbrühe

6   2Esslöffel Schnittlauch, gehackt

7   Salz und schwarzer Pfeffer nach Geschmack

Wegbeschreibung:

- Mischen Sie das Rindfleisch mit der Muskatnuss und den anderen Zutaten in einer Pfanne, die in Ihre Fritteuse passt, schwenken Sie die Pfanne in die Fritteuse und garen Sie sie bei 400 Grad F für 30 Minuten.
- Verteilen Sie die Mischung in Schalen und servieren Sie sie.

Ernährung:

Kalorien 280

Fett 12

Kohlenhydrate 17

Eiweiß 14

Oregano Daikon

Grundrezept

Zubereitungszeit: 10 Minuten

Kochzeit: 10 Minuten

Portionen: 5

Zutaten:

1. 1 Pfund Daikon
2. ½ Teelöffel Salbei
3. 1 Teelöffel Salz
4. 1 Esslöffel Olivenöl
5. 1 Teelöffel getrockneter Oregano

Wegbeschreibung:

- Schälen Sie den Daikon und schneiden Sie ihn in Würfel.
- Bestreuen Sie die Daikonwürfel mit Salbei, Salz und getrocknetem Oregano.
- Gut mischen
- Heizen Sie die Heißluftfritteuse auf 360 F vor.
- Legen Sie die Daikonwürfel in den Rost der Luftfritteuse und beträufeln Sie sie mit Olivenöl.
- Kochen Sie den Daikon für 6 Minuten
- Wenden Sie den Daikon und kochen Sie ihn weitere 4 Minuten oder bis er weich und goldbraun ist.

Ernährung:

Kalorien 43

Fett 2,8

Kohlenhydrate 3,9

Eiweiß 1,9

Cremiger Spinat

Grundrezept

Zubereitungszeit: 10 Minuten

Kochzeit: 12 Minuten

Portionen: 4

Zutaten:

1. oz Schnittlauchstiele
2. Tasse Spinat
3. 1 Tasse Hühnerbrühe
4. 1 Becher Schlagsahne
5. 1 Teelöffel Salz
6. 1 Teelöffel Paprika
7. ½ Teelöffel Chiliflocken
8. 1 Teelöffel gemahlener schwarzer Pfeffer
9. ½ Teelöffel gehackter Knoblauch
10. oz. Parmesan, geraspelt

Wegbeschreibung:

- Heizen Sie die Heißluftfritteuse auf 390 F vor.
- Schneiden Sie den Spinat grob.
- Legen Sie den Spinat in die Schüssel des Frittierkorbs.
- Fügen Sie die Hühnerbrühe und die schwere Sahne hinzu.
- Fügen Sie Salz, Paprika, Chiliflocken und gemahlenen schwarzen Pfeffer hinzu.

- Fügen Sie den Schnittlauch und den gehackten Knoblauch hinzu.
- Vorsichtig mischen und 10 Minuten kochen
- Pürieren Sie mit einem Stabmixer. Sie sollten die cremige Textur einer Suppe erhalten.
- Mit dem geraspelten Käse bestreuen und 2 Minuten bei 400 F garen.
- Heiß servieren.

Ernährung:

Kalorien 187

Fett 16

Kohlenhydrate 4,4

Eiweiß 8,4

Aubergine mit geriebenem Cheddar

Grundrezept

Zubereitungszeit: 15 Minuten

Kochzeit: 10 Minuten

Portionen: 10

Zutaten:

- Auberginen
- 1 Teelöffel gehackter Knoblauch
- 1 Teelöffel Olivenöl
- oz. Cheddar-Käse, gerieben
- ½ Teelöffel gemahlener schwarzer Pfeffer

Wegbeschreibung:

1   Waschen Sie die Auberginen sorgfältig und schneiden
     Sie sie in Scheiben.

2   Reiben Sie die Scheiben mit gehacktem Knoblauch, Salz
     und gemahlenem schwarzen Pfeffer ein.

3   Lassen Sie die Scheiben 5 Minuten lang marinieren.

4   Heizen Sie die Heißluftfritteuse auf 400 F vor.

5   Legen Sie die Auberginenkreise in den Rost der
     Heißluftfritteuse und garen Sie sie 6 Minuten lang

6   Wenden Sie sie dann und kochen Sie weitere 5
     Minuten.

7   Bestreuen Sie die Auberginen mit dem geriebenen Käse
     und garen Sie sie 30 Sekunden lang.

8   Heiß servieren.

Ernährung:

Kalorien 97

Fett 6.2

Kohlenhydrate 7,7

Eiweiß 5.2

Koriander-Knoblauchzwiebeln

Grundrezept

Zubereitungszeit: 10 Minuten

Kochzeit: 10 Minuten

Portionen: 18

Zutaten:

1   1-Pfund-Knoblauchköpfe
2   Esslöffel Olivenöl
3   1 Teelöffel getrockneter Oregano
4   1 Teelöffel getrocknetes Basilikum
5   1 Teelöffel gemahlener Koriander
6   ¼ Teelöffel gemahlener Ingwer

Wegbeschreibung:

- Schneiden Sie die Enden der Knoblauchzwiebeln ab.
- Legen Sie jede Zwiebel auf Folie.
- Bestreichen Sie sie mit Olivenöl, getrocknetem Oregano, getrocknetem Basilikum, gemahlenem Koriander und gemahlenem Ingwer.
- Heizen Sie die Heißluftfritteuse auf 400 F vor.
- Wickeln Sie den Knoblauch in Folie ein und legen Sie ihn in die Heißluftfritteuse.
- 10 Minuten kochen, bis sie weich sind.
- Lassen Sie sie vor dem Servieren mindestens 10 Minuten lang abkühlen.

Ernährung:

Kalorien 57

Fett 1,4

Kohlenhydrate 8,2

Eiweiß 1,3

Parmesan-Stäbchen

Grundrezept

Zubereitungszeit: 10 Minuten

Kochzeit: 10 Minuten

Portionen: 3

Zutaten:

1 oz. Parmesan

2 1 Ei

3 ½ Tasse Schlagsahne

4 Esslöffel Mandelmehl

5 ¼ Teelöffel gemahlener schwarzer Pfeffer

Wegbeschreibung:

- Schlagen Sie das Ei in eine Schüssel und verquirlen Sie es.

- Fügen Sie die schwere Sahne und das Mandelmehl hinzu.

- Bestreuen Sie die Mischung mit gemahlenem schwarzen Pfeffer.

- Vorsichtig verquirlen oder einen Handmixer verwenden.

- Schneiden Sie den Käse in dicke kurze Stangen

- Tauchen Sie die Stäbchen in die schwere Sahnemischung.

- Legen Sie die Käsestangen in Gefrierbeutel und frieren Sie sie ein.

- Heizen Sie die Heißluftfritteuse auf 400 F vor.
- Legen Sie die Käsestangen in den Rost der Fritteuse.
- 8 Minuten kochen

Ernährung:

Kalorien 389

Fett 29,5

Kohlenhydrate 5,5

Eiweiß 28,6

Cremige Schnee-Erbsen

Grundrezept

Zubereitungszeit: 10 Minuten

Kochzeit: 5 Minuten

Portionen: 5

Zutaten:

1. ½ Tasse Schlagsahne
2. 1 Teelöffel Butter
3. 1 Teelöffel Salz
4. 1 Teelöffel Paprika
5. 1 Pfund Zuckerschoten
6. ¼ Teelöffel Muskatnuss

Wegbeschreibung:

- Heizen Sie die Heißluftfritteuse auf 400 F vor.
- Waschen Sie die Zuckerschoten sorgfältig und legen Sie sie in den Korbeinsatz der Luftfritteuse.
- Dann die Zuckerschoten mit der Butter, dem Salz, dem Paprika, der Muskatnuss und der schweren Sahne beträufeln.
- Kochen Sie die Zuckerschoten für 5 Minuten
- Wenn die Zeit vorbei ist: Schütteln Sie die Zuckerschoten vorsichtig und geben Sie sie auf die Servierteller.
- Viel Spaß!

Ernährung:

Kalorien 98

Fett 5,9

Kohlenhydrate 6,9

Eiweiß 3,5

Sesam-Okra

Grundrezept

Zubereitungszeit: 10 Minuten

Kochzeit: 4 Minuten

Portionen: 4

Zutaten:

1 1 Esslöffel Sesamöl

2 1 Teelöffel Sesamsamen

3 oz. okra

4 ½ Teelöffel Salz

5 1 Ei

Wegbeschreibung:

- Waschen Sie die Okra und hacken Sie sie grob.
- Schlagen Sie das Ei in eine Schüssel und verquirlen Sie es.
- Geben Sie die gehackte Okra zu dem verquirlten Ei.
- Streuen Sie die Sesamsamen und das Salz darüber.
- Heizen Sie die Heißluftfritteuse auf 400 F vor.
- Mischen Sie die Okra-Mischung vorsichtig.
- Geben Sie die Mischung in den Korb der Fritteuse.
- Mit Olivenöl beträufeln.
- Kochen Sie die Okra für 4 Minuten
- Umrühren und servieren.

Ernährung:

Kalorien 81

Fett 5

Kohlenhydrate 6,1

Eiweiß 3

Fenchel-Oregano-Keile

Grundrezept

Zubereitungszeit: 15 Minuten

Kochzeit: 6 Minuten

Portionen: 4

Zutaten:

1. 1 Teelöffel Stevia-Extrakt
2. ½ Teelöffel frischer Thymian
3. ½ Teelöffel Salz
4. 1 Teelöffel Olivenöl
5. 14 oz. Fenchel
6. 1 Teelöffel Butter
7. 1 Teelöffel getrockneter Oregano
8. ½ Teelöffel Chiliflocken

Wegbeschreibung:

- Schneiden Sie den Fenchel in Keile. Schmelzen Sie die Butter. Kombinieren Sie die Butter, das Olivenöl, den getrockneten Oregano und die Chiliflocken in einer Schüssel.

- Kombinieren Sie gut.

- Fügen Sie Salz, frischen Thymian und Stevia-Extrakt hinzu. Vorsichtig verquirlen.

- Bestreichen Sie die Fenchelspalten mit der Mischung. Heizen Sie die Heißluftfritteuse auf 370 F vor.

- Legen Sie die Fenchelspalten in den Rost der Luftfritteuse.
- Kochen Sie die Fenchelspalten 3 Minuten auf jeder Seite.

Ernährung:

Kalorien 41

Fett 1,9

Kohlenhydrate 6,1

Eiweiß 1

Petersilie-Kohlrabi-Beignets

Grundrezept

Zubereitungszeit: 10 Minuten

Kochzeit: 7 Minuten

Portionen: 4

Zutaten:

1. oz. Kohlrabi
2. 1 Ei
3. 1 Esslöffel Mandelmehl
4. ½ Teelöffel Salz
5. 1 Teelöffel Olivenöl
6. 1 Teelöffel gemahlener schwarzer Pfeffer
7. 1 Esslöffel getrocknete Petersilie
8. ¼ Teelöffel Chili-Pfeffer

Wegbeschreibung:

- Schälen Sie den Kohlrabi und raspeln Sie ihn. Kombinieren Sie den geriebenen Kohlrabi mit Salz, gemahlenem schwarzen Pfeffer, getrockneter Petersilie und Chilischote.

- Schlagen Sie das Ei in die Mischung und verquirlen Sie es. Formen Sie aus der Mischung mittlere Krapfen.

- Heizen Sie die Heißluftfritteuse auf 380 F vor. Fetten Sie den Korb der Heißluftfritteuse mit Olivenöl ein und legen Sie die Beignets hinein. Garen Sie die Beignets 4 Minuten lang. Wenden Sie die Beignets und garen Sie sie weitere 3 Minuten. Lassen Sie sie vor dem Servieren etwas abkühlen.

Ernährung:

Kalorien 66

Fett 4,7

Kohlenhydrate 4,4

Eiweiß 3,2

Sch nitt lau ch Ba mb uss pro ssen

Grundrezept

Zubereitungszeit: 10 Minuten

Kochzeit: 4 Minuten

Portionen: 2

Zutaten:

1 oz. Bambussprossen
2 Knoblauchzehen, in Scheiben geschnitten
3 1 Esslöffel Olivenöl
4 ½ Teelöffel Chiliflocken
5 Esslöffel Schnittlauch
6 ½ Teelöffel Salz
7 Esslöffel Fischfond

Wegbeschreibung:

- Heizen Sie die Luftfritteuse auf 400 F vor. Schneiden Sie die Bambussprossen in Streifen.
- Kombinieren Sie die in Scheiben geschnittenen Knoblauchzehen, das Olivenöl, die Chiliflocken, das Salz und den Fischfond im Korbeinsatz der Luftfritteuse. Kochen Sie für 1 Minute.
- Rühren Sie die Mischung vorsichtig um. Fügen Sie die Bambusstreifen und den Schnittlauch hinzu.
- Rühren Sie das Gericht vorsichtig um und kochen Sie es weitere 3 Minuten.
- Vor dem Servieren nochmals umrühren.

Ernährung:

Kalorien 100

Fett 7,6

Kohlenhydrate 7

Eiweiß 3,7

Sommer Aubergine & Zucchini

Grundrezept

Zubereitungszeit: 15 Minuten

Kochzeit: 15 Minuten

Portionen: 8

Zutaten:

1. 1 Aubergine
2. 1 Tomate
3. 1 Zucchini
4. oz Schnittlauchstiele
5. grüne Paprikaschoten
6. 1 Teelöffel Paprika
7. 1 Esslöffel Olivenöl
8. ½ Teelöffel gemahlene Muskatnuss
9. ½ Teelöffel gemahlener Thymian
10. 1 Teelöffel Salz

Wegbeschreibung:

- Heizen Sie die Heißluftfritteuse auf 390 F vor.
- Waschen Sie die Aubergine, die Tomate und die Zucchini sorgfältig.
- Schneiden Sie das gesamte Gemüse grob.
- Legen Sie das zerkleinerte Gemüse in den Korbeinsatz der Luftfritteuse.

- Bestreichen Sie das Gemüse mit Paprika, Olivenöl, gemahlener Muskatnuss, gemahlenem Thymian und Salz.
- Rühren Sie das Gemüse mit zwei Spateln um.
- Schneiden Sie die grüne Paprika in Quadrate.
- Geben Sie die Quadrate in die Gemüsemischung. Vorsichtig umrühren.
- 15 Minuten kochen, nach 10 Minuten umrühren und servieren.

Ernährung:

Kalorien 48

Fett 2.1

Faser 3,3

Kohlenhydrate 7,4

Eiweiß 1,4

Zucchini Hassel zurück

Grundrezept

Zubereitungszeit: 15 Minuten

Kochzeit: 12 Minuten

Portionen: 2

Zutaten:

1. 1 Zucchini
2. oz. Cheddar, in Scheiben geschnitten
3. ½ Teelöffel Salz
4. ½ Teelöffel getrockneter Oregano
5. ½ Teelöffel gemahlener Koriander
6. ½ Teelöffel Paprika
7. Esslöffel schwere Sahne
8. 1 Teelöffel Olivenöl
9. ¼ Teelöffel gehackter Knoblauch

Wegbeschreibung:

- Schneiden Sie die Zucchini in eine Hasselrückenform.
- Dann füllen Sie die Zucchini mit dem geschnittenen Käse.
- Bestreichen Sie den Zucchini-Hasselrücken mit Salz, getrocknetem Oregano, gemahlenem Koriander, Paprika, gehacktem Knoblauch, Olivenöl und schwerer Sahne.
- Heizen Sie die Heißluftfritteuse auf 400 F vor.

- Zucchini-Hassel wieder in Folie wickeln und in die vorgeheizte Heißluftfritteuse legen.
- Für 12 Minuten kochen
- Wenn die Zucchini gar ist, nehmen Sie sie aus der Folie und schneiden Sie sie in 2 Stücke.

Ernährung:

Kalorien 215

Fett 14,9

Kohlenhydrate 5,7

Eiweiß 15,6

Butternusskürbis-Haschee

Grundrezept

Zubereitungszeit: 10 Minuten

Kochzeit: 14 Minuten

Portionen: 4

Zutaten:

1. 1 Tasse Hühnerbrühe
2. oz. Butternusskürbis
3. 1 Teelöffel Salz
4. 1 Esslöffel Butter
5. 1 Teelöffel getrockneter Dill
6. ¼ Teelöffel Paprika

Wegbeschreibung:

- Schälen Sie den Butternusskürbis und würfeln Sie ihn.
- Heizen Sie die Heißluftfritteuse auf 370 F vor.
- Gießen Sie die Hühnerbrühe in den Korbeinsatz der Luftfritteuse.
- Salz, gehackten Butternusskürbis, Butter, getrockneten Dill und Paprika hinzufügen.
- Vorsichtig umrühren.
- 14 Minuten kochen
- Übertragen Sie sie in eine Schüssel.
- Verwenden Sie eine Gabel zum Pürieren.
- Sofort servieren.

Ernährung:

Kalorien 61

Fett 3,3

Kohlenhydrate 6,2

Eiweiß 0,9

Butterchampignons mit Schnittlauch

Grundrezept

Zubereitungszeit: 10 Minuten

Kochzeit: 10 Minuten

Portionen: 2

Zutaten:

1. 1 Tasse weiße Champignons
2. oz Schnittlauchstiele
3. 1 Esslöffel Butter
4. 1 Teelöffel Olivenöl
5. 1 Teelöffel getrockneter Rosmarin
6. 1/3 Teelöffel Salz
7. ¼ Teelöffel gemahlene Muskatnuss

Wegbeschreibung:

- Heizen Sie die Heißluftfritteuse auf 400 F vor.
- Gießen Sie das Olivenöl und die Butter in den Korbeinsatz der Luftfritteuse.
- Fügen Sie getrockneten Rosmarin, Salz und gemahlene Muskatnuss hinzu.
- Vorsichtig umrühren.
- Würfeln Sie den Schnittlauch.
- Geben Sie den gewürfelten Schnittlauch in den Fritteusen-Korbeinsatz.
- 5 Minuten kochen

- Schneiden Sie in der Zwischenzeit die weißen Champignons.
- Fügen Sie die Champignons hinzu.
- Rühren Sie die Mischung um und kochen Sie sie weitere 5 Minuten bei gleicher Temperatur.
- Umrühren und servieren.

Ernährung:

Kalorien 104

Fett 8,4

Kohlenhydrate 6,8

Eiweiß 1,8

30-Tage-Mahlzeitenplan

Tag	Frühstück	Mittagessen/Abendessen	Dessert
1	Krabbenbratpfanne	Spinat-Röllchen	Matcha-Krepp-Torte
2	Kokosnuss-Joghurt mit Chia-Samen	Ziegenkäse Fold-Overs	Kürbis Gewürze Mini Pies
3	Chia-Pudding	Krepptorte	Nuss-Riegel
4	Ei-Fett-Bomben	Kokosnuss-Suppe	Pfundskuchen
5	Morgen "Grits"	Fisch Tacos	Tortilla-Chips mit Zimt Rezept
6	Scotch-Eier	Cobb-Salat	Granola Joghurt mit Beeren
7	Speck Sandwich	Käsesuppe	Beeren-Sorbet
8	Noatmeal	Thunfisch-Tartar	Kokosnuss-Beeren-Smoothie
9	Frühstücksauflauf mit Fleisch	Clam Chowder	Kokosnuss-Milch-Bananen-Smoothie
10	Frühstücks-Bagel	Asiatischer Rindfleischsalat	Mango-Ananas-Smoothie
11	Ei und Gemüse Hash	Keto Carbonara	Himbeere Grüner Smoothie
12	Cowboy Bratpfanne	Blumenkohlsuppe mit Saaten	Beladener Beeren-Smoothie
13	Feta-Quiche	In Prosciutto eingewickelter Spargel	Papaya Banane und Grünkohl Smoothie
14	Speck Pfannkuchen	Gefüllte Paprikaschoten	Grüner Orangen-Smoothie
15	Waffeln	Gefüllte Auberginen mit Ziegenkäse	Double Berries Smoothie
16	Schoko-Shake	Korma Curry	Energizing Protein Bars
17	Eier in Portobello-	Zucchini-Riegel	Süße und nussige

	Pilzhüten		Brownies
18	Matcha-Fettbomben	Pilzsuppe	Keto Macho Nachos
19	Keto Smoothie Schüssel	Gefüllte Portobello-Pilze	Erdnussbutter-Schoko-Bananen-Gelato mit Minze
20	Lachs-Omelette	Kopfsalat	Zimt Pfirsiche und Joghurt
21	Hash Brown	Zwiebelsuppe	Birne-Minze-Honig-Eis am Stiel
22	Schwarzer Knaller-Auflauf	Spargelsalat	Orange und Pfirsiche Smoothie
23	Speck Tassen	Blumenkohl Tabbouleh	Kokosnuss-Gewürz-Apfel-Smoothie
24	Spinat-Eier und Käse	Rindfleisch Salpicao	Süßer und nussiger Smoothie
25	Taco Wraps	Gefüllte Artischocke	Ingwer-Beeren-Smoothie
26	Kaffee Donuts	Spinat-Röllchen	Vegetarierfreundlicher Smoothie
27	Ei gebackenes Omelett	Ziegenkäse Fold-Overs	ChocNut Smoothie
28	Ranch-Risotto	Krepptorte	Kokos-Erdbeer-Smoothie
29	Scotch-Eier	Kokosnuss-Suppe	Ei Spinat Beeren Smoothie
30	Spiegeleier	Fisch Tacos	Cremiger Dessert-Smoothie

Fazit

Danke, dass Sie es bis zum Ende dieses Buches geschafft haben. Eine Luftfritteuse ist eine relativ neue Ergänzung in der Küche, und es ist leicht zu sehen, warum die Leute begeistert sind, sie zu benutzen. Mit einer Luftfritteuse können Sie in Minutenschnelle knusprige Pommes frites, Chicken Wings, Hähnchenbrüste und Steaks zubereiten. Es gibt viele leckere Gerichte, die Sie zubereiten können, ohne Öl oder Fett zu verwenden. Achten Sie auch hier darauf, die Anleitung Ihrer Luftfritteuse zu lesen und die Regeln für die richtige Verwendung und Wartung zu befolgen. Sobald Ihre Luftfritteuse in gutem Zustand ist, können Sie wirklich kreativ werden und anfangen, Ihren Weg zu gesundem Essen, das großartig schmeckt, zu experimentieren.

Das war's! Herzlichen Dank!